Eiskalt erwischt
in Schweden

Bibliografische Informationen der Deutschen Bibliothek:
Die Deutsche Bibliothek verzeichnet diese Publikation in
der Deutschen Nationalbibliografie; detaillierte Dateien
sind im Internet über http://dnb.ddb.de abrufbar.

Impressum:

© Verlag Kern GmbH, Ilmenau
© Inhaltliche Rechte beim Autor
1. Auflage, August 2021
Autorin: JuScha
Layout/Satz: Brigitte Winkler, www.winkler-layout.de
Lektorat: Ines Rein-Brandenburg
Sprache: Deutsch
ISBN: 978-3-95716-343-1
E-Book: ISBN 978-3-95716-362-2
www.verlag-kern.de

Das Werk ist urheberrechtlich geschützt. Nachdruck, Übersetzung, Entnahme von Abbildungen, Wiedergabe auf fotomechanischem oder ähnlichem Wege, Speicherung in DV-Systemen oder auf elektronischen Datenträgern sowie die Bereitstellung der Inhalte im Internet oder anderen Kommunikationsträgern ist ohne vorherige schriftliche Genehmigung des Verlags auch bei nur auszugsweiser Verwendung strafbar.

JuScha

Eiskalt erwischt in Schweden

Inhalt

Eiskalt erwischt 7

Der Morgen danach 13

Die Suche 17

Erste Erfahrungen in Lappland 21

Die Führung 27

Die Lichtschranke 35

Camper 39

Die Husky-Farm 43

Eine Floßfahrt 47

Beerensammler-Zeit 51

Gefahr in Verzug 57

Die Inselschafe 61

Schwedisch Lappland -
Land der acht Jahreszeiten 71

Warum lebt ihr hier? 77

Hundeschlittentouren 79

Das große Rennen 83

Der wilde, wilde Westen 91

Nachwuchs 95

Eiskalt erwischt

„Oh, wie schön – ein Regenbogen." Dazu fällt Urte gleich der Song „Over the Rainbow" von dem ´dicken´ Mann aus Hawaii ein. Sie mag seine angenehme Stimme, die mit der Ukulele untermalt wird.

Summend bereitet sie die Schlittenhunde für das Training vor, indem sie ihnen das Geschirr anlegt und jedem seinen Platz an der Zentralleine zuordnet. Für den Schlitten liegt im Oktober noch zu wenig Schnee, war ihre Überlegung, und so spannt sie die Hunde vor das Quad. Achtzehn Hunde legen sich nach dem „Okay" in die Leinen und ab geht die Fahrt. Obwohl der Hund Rainer zum ersten Mal vorne läuft, kommt das Gespann prima voran. Vor der ersten Kurve bremst Urte ab und denkt:

‚Hilfe, ich rutsche!'

Sie versucht noch, durch Gewichtsverlagerung zu korrigieren, aber das Quad kippt in den Graben. Der Schreck schaltet den Schmerz aus.

‚Mein Bein, mein Bein, das Quad ist so schwer.'

Sie versucht vergeblich ihr Bein hervorzuziehen.

Mit „Hoa, seid brav, bleibt stehen", hofft sie die Hunde zu beruhigen.

Keine Ahnung warum, aber ... es funktioniert.

Verzweifelt versucht sie, an das Handy in der Hosentasche zu gelangen.

‚Ich muss das schaffen!', spricht sie sich immer wieder Mut zu. Mit viel Mühe gelingt das Vorhaben.

‚Sven ist weit weg auf Montage', überlegt sie.

‚Immer, wenn ich meinen Göttergatten brauche, ist er nicht da.' Sie haut wütend mit der Faust in den Schnee. ‚Wer kann mir helfen?'

Sie entschließt sich, Udo, einen Freund der Familie, anzurufen. Die Hände zittern beim Tippen, sie weiß nicht, ob vor Kälte, Aufregung oder Schmerzen. Immer wieder geht das Handy aus und muss neu gestartet werden.

‚Ruhig bleiben, bloß nicht in Panik verfallen. Muss gerade jetzt schlechter Empfang sein.'

Die Angst will sich Urtes bemächtigen. Endlich, wie eine Erlösung, hört sie Udos Stimme.

„Hier Urte, komm schnell. Ich liege unterm Quad."

Er erfasst die Situation sofort: „Ich komme gleich. Wo bist du?"

Zehn Kilometer muss er fahren. Sie spricht immer wieder beruhigend auf die Schlittenhunde ein.

Wie durch ein Wunder bleiben alle ruhig stehen. Normalerweise wollen sie laufen, sobald sie angeschirrt sind, und sind dann kaum zu halten. Die beiden freilaufenden Haushunde kommen immer wieder einmal zu ihr. Vor allem Lona leckt ihr oft über das Gesicht, als ob sie sagen wollte: Halte durch. Bald kommt Hilfe.

Für Urte scheint die Wartezeit unendlich. Die Kälte kriecht an ihr hoch. Sie spürt kaum noch ihr Bein.

Endlich. Udo steht mit dem Auto vor den Hunden. Er will sofort helfen und eilt zu Urte in den Graben. Dabei stützt er sich auf das Quad.

„Aua!", schreit sie vor Schmerzen auf, obwohl sie es nicht will. Erschrocken zieht er die Hand zurück.

„Mach erst die Hunde von der Tugleine los!", gibt Urte klare Anweisung. Sie befürchtet, dass die Hunde, wenn das Fahrzeug angehoben wird, anziehen, um die Fahrt fortzusetzen. Udo weiß, was zu tun ist, und beeilt sich.

Nach dem zweiten Versuch, das Quad anzuheben, kann Urte ihr Bein hervorziehen. Langsam versucht sie aufzustehen und macht einen Schritt vorwärts. Es gelingt.

Sie macht Bestandsaufnahme: „Gott sei Dank, es ist nichts gebrochen. Der Arm tut etwas weh und mein Knöchel hat auch etwas abbekommen. Aber alles gut, nichts gebrochen."

Udo bemerkt noch einen Riss in ihrer Jacke. Mit einem „Egal!" winkt Urte ab.

„Udo, holst du bitte ein Abschleppseil von der Husky-Farm? Derweil richte ich die Schlittenhunde aus. Ohne Tugleine haben sie sich doch verheddert. Ich werde in der Zeit den Anfänger

Rainer mit dem erfahrenen Erwin umspannen, der meine Kommandos versteht, damit wir alle gut den Rückweg antreten können. Nimm bitte die Haushunde mit und sperr sie in den Auslauf."
Das bleibt ein frommer Wunsch. Die beiden weichen nicht von Frauchens Seite.
Mit Udos Hilfe erreichen alle die Farm. Urte streichelt erst einmal alle Hunde und „zieht sie aus", entfernt die Geschirre. Sie bleiben im Auslauf, um sich noch bewegen zu können.
Irgendwie muss aber das Quad noch aus dem Graben geborgen werden. Mit Hilfe eines Seiles, eines Baumes und Udos Autos gelingt das Vorhaben nach mehreren Anläufen.
Urte umrundet skeptisch ihr Mobil. „Nichts kaputt, aber ob es noch anspringt? - Ja! Danke, danke, danke!"

Der Morgen danach

In dieser Nacht schläft Urte sehr unruhig, trotz Tabletten. Immer wieder schweifen ihre Gedanken zum Unfall ab.

‚Was wäre, wenn … ich kein Handy mitgenommen hätte?

Was wäre, wenn … ich nicht an das Handy gekommen wäre?

Was wäre, wenn … das ganze Gespann umgedreht hätte?

Was wäre, wenn … sie sich verheddert und gebissen hätten und, und, und …

Wir haben tolle Hunde! Danke auch an meinen Schutzengel!

Und soo viel Glück … Alles ist gut gegangen. Ich kann mich wieder etwas schneller bewegen, aber heute werde ich eine Pause einlegen und noch nicht mit den Hunden raus-fahren.'

Beim Morgenkaffee kommt Urte ins Grübeln: ‚Nun wohnen wir schon über zehn Jahre in

Schweden, aber stand unsere Auswanderung nicht von Anfang an unter keinem guten Stern?'
Sie nimmt seit langem einmal wieder ihr Tagebuch in die Hand und erinnert sich zurück:

Wir folgten dem Ruf der Wildnis und haben uns den Traum von einer Husky-Farm in Lappland erfüllt. Es galt, viele Hindernisse und Rückschläge zu überwinden.
Es fing bereits in Deutschland auf dem Weg zur Fähre an: Achsenbruch an einem Anhänger, mitten in der Nacht. Mit Mühe haben wir eine Unterstellmöglichkeit gefunden. In Schweden fuhren wir an der Högaküste der neuen Heimat entgegen. Auf einer Brücke beschloss mein Transporter, der mich immer treu und brav mit all meinen Schlittenhunden zu den Rennen gebracht hatte, seinen Dienst zu verweigern - - und das 300 km vor dem Ziel. Stau auf beiden Seiten! Kein Gehupe! Alle warteten geduldig, bis unser PKW das größere Auto in eine Parkbucht geschleppt hatte. Mit dem Personenwagen fuh-

ren meine Schwiegereltern, mein Sohn Torben und Kater Andy zum Bestimmungsort weiter, zu meinem Mann. Er war bereits sechs Wochen vor uns in Schweden angekommen. Sven war einer schwedischen Werbung gefolgt. Er hatte in Deutschland eine Sprachausbildung erhalten sowie einen Termin für ein Bewerbungsgespräch für einen Praktikumsplatz in seinem Beruf als Zimmermann. Aber als er in Schweden ankam, war der Platz bereits anderweitig vergeben.

Meine Freundin und ich blieben, tierisch beschützt, im defekten Auto, das eine Kreuzung zwischen Tiertransporter und Wohnmobil ist. Es wurde dunkel und kalt. Es war erst Oktober, aber es fing leicht an zu schneien. Ich muss heute noch schmunzeln, wenn ich daran denke, dass wir Opas Reserve an Kümmelschnaps gefunden und gekillt hatten. Wir sind nicht erfroren.

Am nächsten Tag schleppte mein Mann uns ab.

Die Suche

Die Suche nach einem Haus für uns und die Schlittenhunde fiel in die schwedische „fünfte Jahreszeit". Wenn die Elchjagd beginnt, rückt Jegliches wie Zusagen von Hilfe und Versprechungen in den Hintergrund und erscheint unwichtig.

Ich erhielt zwar drei Monate Arbeitslosengeld und hatte mir meine Lebensversicherung auszahlen lassen, aber irgendwann waren die Geldreserven aufgebraucht. Sven schrieb unendlich viele Bewerbungen. Es begann eine Katastrophenzeit: Kein passendes Quartier, keine Arbeit, kein Geld. Den Hunden und uns knurrte der Magen.

Wir erhielten einen Tipp, wo es gute Arbeit gäbe. Der VW- Konzern hat in der Nähe von Arjeplog ein Hotel für seine Autoingenieure, die die Wintertauglichkeit für Autos (als Erlkönig getarnt) prüfen müssen, die noch nicht auf dem Markt sind. Aber im VW-Hotel waren zu der Zeit alle Posten besetzt.

Endlich bekam Sven eine Hausmeisterstelle in hundert Kilometern Entfernung. Torben und ich blieben daheim, in einem Haus zur Miete. Allerdings hatte sich darin der Schimmel schon vor uns reichlich eingenistet. Ich versorgte die Schlittenhunde, die in einer Scheune, einem ehemaligen Kuhstall, untergebracht waren. Dadurch, dass Sven als Hausmeister auch am Wochenende den Pickup benutzen durfte, konnten wir die Umgebung von Arjeplog abgrasen, auf der Suche nach einem passenden Gehöft mit Platz für uns und die Huskys, wo das Gebell keinen Nachbarn stören würde und wo wir mit den Schlittenhunden trainieren könnten.

Es dauerte ein dreiviertel Jahr, bis wir unser heutiges Zuhause fanden.

Sven war keine Arbeitsstelle zu weit. So arbeitete er unter anderem auch in Norwegen auf einer Bohrinsel.

Der Bank erschienen wir daraufhin würdig, einen Kredit für das Haus zu bekommen, aber nur für den Kaufpreis. Für Aus- und Umbauten gab es kein Extrageld.

Erste Erfahrungen in Lappland

Man sagt, in Schweden haben die Bäume Ohren. Wie ich später erfuhr, beäugten uns die Einheimischen genau.
So wurde gesagt: „Hast du schon die Neue getroffen?"
„Meinst du die, die immer laut singt, wenn sie mit ihren Schlittenhunden unterwegs ist?"
Ach ja, das habe ich wirklich getan. Meine Enkel sagen zwar immer, wenn wir mit dem Auto unterwegs sind: „Oma, von deinem Singen bekommen wir Alpträume. Erzähl uns lieber eine Geschichte", aber man kann das Singen auch ganz gezielt einsetzen. Hinter jeder Kurve könnte doch ein Elch auftauchen. Man sagt, dass sie zwar schlecht sehen, aber gut hören können, und dann würden sie bei meinem Gesang ja weglaufen.
Urte muss schmunzeln und schlürft aus ihrem Kaffeebecher, den sie in beiden Händen hält.

Dann liest sie weiter in ihren Notizen, um Geschehenes Revue passieren zu lassen:

Eine Tierschutztante stand eines Tages vorm Haus. „Die Kettenhaltung für Hunde in Schweden ist verboten!"
„In Norwegen haben wir das so gesehen. Wir müssen erst die Zwingeranlage bauen", versuchte ich zu beschwichtigen. Von Amts wegen wurden mir die Vorschriften erklärt: „Zwei Hunde benötigen in einem Zwinger 24 Quadratmeter sowie eine Erhöhung wie einen Tisch oder ähnliches."
Ich stellte mir das bildlich vor: Wie wäre es noch mit einer Tischdecke darauf und einer Vase mit Wald- und Wiesenblumen dazu? Nee, das wäre wohl doch ein bisschen drüber.
Ich lächelte sie verständnisvoll an und servierte ihr eine Tasse Tee. Wir kamen ins Gespräch. Sie war freundlicher als erwartet und hatte Verständnis für unsere Situation. Ich erzählte ihr, dass wir nochmals nach Deutschland müssten, aber unser

PKW die lange Fahrt kaum noch schaffte. Letztendlich überließ sie uns einen alten Mercedes zur kostenlosen Nutzung. Darin befanden sich nur die beiden Vordersitze. Somit galt das Auto nicht mehr als Pkw. Und in Schweden braucht man auf einen Transporter weniger Steuern zu bezahlen. Kein Türschloss funktionierte mehr. Wir wollten nach Deutschland in der Nähe der polnischen Grenze. War der Stern in Gefahr?

Wir kamen unbeschadet zurück. Als Dank ‚schmückte' ich das Auto mit Luftballons und hängte überall allerlei deutsche Produkte wie Wurst, Käse, Süßigkeiten und eine Flasche Kognak an. Die Frau kam mit ernster Miene und einer Schere aus dem Haus und schnitt alles ab. ‚Na, nun, versteht sie meine Dankbarkeitsbekundung nicht?', dachte ich. Aber das Gegenteil war der Fall. Wir durften weiterhin das Auto benutzen. Ihr war vor Jahren bei einem Neustart auch geholfen worden, und das wollte sie weitergeben. Wie sagt man: Man trifft sich immer zweimal im Leben. Nach Jahren gaben wir eine

Anzeige auf, um eine Knochen- und Fleischsäge zu verkaufen. Genau diese Frau meldete sich daraufhin und wir wurden schnell handelseinig. Wenn ich so zurückdenke, hatten wir doch trotz aller Widrigkeiten auch viel Glück.

Zu einem späteren Zeitpunkt bekamen wir in dem Hotel, in dem die VW-Tester im Winter untergebracht waren, beide Arbeit. Sven arbeitete nachts an der Rezeption und ich reinigte am Tage die Räumlichkeiten. Danach versorgte ich zu Hause unsere Schlittenhunde. Ach, was war ich kaputt. Das Familienleben litt auch darunter. Es bestand nur noch aus „Guten Tag" und „Guten Weg". Die Chefs vom Hotel bemerkten meine zunehmende Traurigkeit und überlegten, wie sie mir helfen könnten. Sie fanden eine Lösung: Wir wurden beide Nachtarbeiter.

Eine weit entfernt wohnende Nachbarin erzählte mir, dass in Arjeplog Altenpfleger gesucht werden. Ich sah das als Chance für mich. Im Sommer arbeite ich nun neben der Husky-Farm-Versorgung in Urlaubsvertretung als

*Hilfsschwester, im Altenheim. Die Arbeit macht mir Spaß.
Während Sven in einem Kurs die schwedische Sprache erlernt hatte, so lehrte mich das Leben zu verstehen. Je breiter das Grinsen meiner ‚liebevollen Alten' war, umso verkehrter waren meine Wortwahl oder Aussprache. Erst auf Nachfrage haben sie mich korrigiert. Aus Höflichkeit hatten sie geschwiegen.*

Urte schaut auf die Uhr und erschrickt. ‚Schon so spät?! Erfahrungsgemäß kommen in ungefähr einer Stunde die ersten neugierigen oder interessierten Touristen. Ich muss noch die Zwinger reinigen.'
Sie stellt ihren Kaffeepott mit den lustigen Rentiermotiven in den Abwasch und verlässt das Haus.

Die Führung

„Välkommen till Husky Garden", begrüßt Urte die ankommende Familie.
„Prata du pa tyska? (Sprichst du deutsch?)", kommt die etwas holprige Antwort auf Schwedisch von der Frau.
„Ja, wir sind deutsche Auswanderer. Ich heiße Urte und erkläre euch gerne alles auf dieser Husky-Farm."
Die circa achtjährige Tochter hopst an den Zwingern entlang. Sie hat bemerkt, dass an den Hundeunterkünften viele deutsche Namen stehen. Sie dreht sich um und ruft zu den Eltern: „Seht nur, der Gefleckte hier heißt Victor. Genauso wie der Hund von unserm Nachbarn. Dieser hier sieht aber ganz anders aus."
Bevor Urte mit ihrem Fachwissen über ein Hundeschlittengespann punkten kann, meldet sich nun der Vater zu Wort: „Sind die Hunde alle hier auf der Farm geboren? Ich kenne das so, dass

die vom ersten Wurf alle einen Namen mit A erhalten und so weiter im Alphabet. Bei euren erkenne ich kein Prinzip."

„Nein. Kein Prinzip. Sind nicht alle hier geboren. Wir nennen die Hunde gerade so, wie es uns gefällt, zum Beispiel Kai-Uwe, Oscar oder Heidi, Bärbel undsoweiter. Das handhabt jede Farm anders. Manche nennen ihre Hunde nach bekannten Radsportlern oder nach englischen Rinderarten oder Aldi, Lidl oder Cola, Pepsi oder Märchenfiguren wie Pippi Langstrumpf oder nach Schnapssorten."

Alle lachen. „Na, Prost Mahlzeit", erklingt der Bass des Touristen. Nun meldet sich die zierliche Besucherin zu Wort: „Ich habe eigentlich Huskys mit blauen Augen und hellem Fell erwartet." Urte schaut sie verdutzt an: „Es gibt verschiedene Arten. Du meinst bestimmt die Siberian Husky. Dann gibt es noch die Arten Samojede, Malamute und den Grönland Hund. Wir fahren Rennen. Ich die Sprintrennen bis zu 50 Kilometer und mein Mann sogar Langdistanzrennen.

Das sind Strecken zwischen 300 und 1000 Kilometern. Dafür sind unsere Alaskan-Huskys genau die richtigen. Sie sind schnell und robust und haben mit uns schon manchen Pokal erkämpft."
Die Besucherin hört staunend, aber interessiert zu.
„Nun kommt einmal hierher. Ich möchte euch zeigen, was alles zu einem Hundeschlittengespann gehört und wie es funktioniert." Urte versucht wieder die Oberhand zu bekommen. Sie erklärt geduldig, dass eine Neckleine die Verbindung zwischen dem Hundehalsband und der Zentralleine (Mittelleine) ist. Das Hundegeschirr reicht über den ganzen Hunderücken, und von dort geht die Tugleine zur Zentralleine. Darauf liegt die Zugkraft. Um das zu veranschaulichen, spannt sie ein paar Hunde an. Diese sind ganz zapplig vor Aufregung und wollen laufen. So können die Besucher sehen, dass immer zwei Hunde nebeneinander angespannt sind. Klein Anna bemerkt gleich: „So eine Leine hatten wir auch im Kindergarten, immer zwei Kinder nebeneinander."

Als Urte noch anfängt, den Hunden Booties anzuziehen, flippt die Lütte ganz aus: „Orange Schuhe für Hunde. Wie niedlich! Warum brauchen die die?"

Urte versucht es kindgerecht zu erklären: „Wenn es frisch geschneit hat, ist der Schnee wie Puderzucker. Dann brauchen die Hunde keine Schuhe. Aber wenn der Schnee angetaut ist und über Nacht wieder gefriert, wird er härter und scharfkantig. Dann setzt sich der harte Schnee zwischen die Pfotenballen, und das tut den Hunden weh."

Der Besucher, ein Mann wie ein Bär, möchte auch noch etwas wissen: „Wenn jetzt Winter wäre, wie viele Hunde würdest du vor meinen Schlitten spannen?"

„Ein Hund kann ungefähr das Vierfache seines Gewichts als rollendes Gewicht ziehen. Wenn zum Beispiel der Hund 30 Kilo wiegt, kann er 120 Kilo ziehen. Die größte Belastung für die Tiere gibt es beim Anziehen des Gefährts oder bei Steigungen. Dir würde ich mindestens vier Tiere anvertrauen", erklärt sie verschmitzt.

„Und wie bremst man so einen Hundeschlitten? Da steckt doch ganz schön viel Power dahinter."
„Du hast zwei Möglichkeiten: Während der Fahrt trittst du auf die Bremsmatte, das ist diese Metallplatte zum Kippen hier zwischen den Kufen."
Urte zeigt ihm, wie und wo.
„Und wenn du anhalten willst, gibst du das Kommando ‚Hoa!'. Dann setzt du den Anker in den Schnee. Aber nicht werfen. Du könnest dich verletzen. Einfach in die Knie gehen und die Krallenbremse mit Kraft in den Schnee reinsetzen."
„Aha. Verstehen die Hunde noch mehr Befehle?", möchte er wissen.
„Ja", erwidert Urte. „'Haw!' bedeutet nach links laufen oder ‚Gee!' nach rechts.
„Ist das eine Hundesprache?", piepst die Touristin, um sich am Gespräch zu beteiligen.
„Das ist reine Übungssache. Genauso wie ein Hund ‚Sitz!' und ‚Platz!' lernen kann, so auch diese Kommandos. Habt ihr noch Fragen? Ansonsten könnt ihr uns auf unserer Homepage be-

suchen. Dort gibt es viele Informationen über die Hunde sowie Angebote für Aktivitäten und Fotos aus jeder Jahreszeit."

Das Mädchen wird ungeduldig und quengelt rum. Es will zu neuen Abenteuern aufbrechen. Mit einem „Välkommen åter och ha en trevlig semester! (Willkommen zurück und habt einen schönen Urlaub!)" verabschiedet sich Urte.
Die Urlauber schwingen sich auf ihre E-Bikes und radeln davon.
Die Lütte ist das wahre Kraftpaket mit ihrem kleinen Kinderfahrrad.
Die Farmerfrau atmet tief durch und verwahrt alle Leinen, Geschirr und Zubehör. Die Hunde dürfen noch in der Hofumfriedung umherlaufen. Sie sind enttäuscht, dass die wilde Hatz nicht los ging. Im Sommer haben sie eben Urlaub.

Die Lichtschranke

An der Zufahrt haben sie eine Lichtschranke angebracht. Gerade kündigt diese einen Ankömmling mit einem Klingelton an. Es ist Sven, ihr Ehemann, der Baumaterial für einen Hühnerstall geholt hat.

„Ich habe an der Ecke Radfahrer getroffen: Sie hat sich mokiert, dass sie geduzt wurde. Ihr Mann hat ihr lautstark erklärt, dass sich in Schweden alle duzen und keiner über dem anderen steht und das ‚Lagom' genannt wird. Waren die hier?"

„Ja, die waren speziell!", grinst Urte.

„Na, Hauptsache Einnahmen." Sven widmet sich seinen Brettern.

Urte hilft ihm beim Abladen. Hühner anzuschaffen war ihr Wunsch – nicht nur frische Eier für den Eigenbedarf, sondern auch für die Urlauber zum Frühstück. Nach getaner Arbeit wird Sven redselig.

„Du, rate mal, wen ich unterwegs getroffen habe."

„Na, nicht, dass du wieder irgendwo anders helfen sollst. Die Hühner brauchen den Stall. Sonst holt sie noch der Fuchs, bevor du fertig bist", antwortet sie aufbrausend.

„Ganz ruhig bleiben. Ich habe die ‚Inselschafe' Dirk und Jana getroffen. Sie wollen übermorgen zu uns auf den Hof kommen."

„Oh, wie schön. Das freut mich. Dann gibt es zum Kaffee bestimmt wieder Erdbeerkuchen", jubelt Urte.

„Hoffentlich bringt sie auch den richtigen Sekt mit", bemerkt er.

„Ganz bestimmt wieder die altbewährte Sorte aus der ehemaligen DDR. Das Malheur mit dem alkoholfreien Sekt aus dem ICA (Supermarkt in Schweden) ist ihr nur einmal passiert. Jana glaubte wirklich, dass die Läden des Systembolaget jemals ihr Monopol zum Verkauf alkoholischer Getränke verlieren könnten. Das werden wir hier in Schweden wohl nicht mehr erleben." Beide grinsen.

Camper

„Da vorne ist der Bahnhofsparkplatz. Ich werde noch das schmackhafte Brot holen. Für Urte werde ich auch eins kaufen, statt Blumen", kündigt Jana an.
Bei der Rückkehr ruft Dirk: „Das hat aber gedauert!"
„Nur mit der Ruhe. Du weißt doch, dass es da immer voll ist. Die Schweizer haben angebaut, es gibt jetzt ein Café mit Tischen und Stühlen. War gut besucht. Außerdem hat der Bäcker sich noch mit mir unterhalten. Mittlerweile kennt er mich schon."
Die Räder des Wohnmobils fressen die Strecke Kilometer um Kilometer, dem Tagesziel entgegen. Trotzdem wird Jana ungeduldig.
„Das letzte Ende von Sorsele bis Mellanström zieht sich aber auch in die Länge."
„Ruhig, Brauner", dabei klopft Dirk seiner Frau auf den Oberschenkel. „Kommst schon noch

früh genug zu deinen vierbeinigen Freunden."
„Da, Rentiere da vorne. Pass auf!" Sie zückt ihre Kamera.

„Fahr langsam. Ich habe sie. Schöne Aufnahme." Jana ist begeistert.
„Was willst du bloß mit all den Fotos? Ich habe die Tiere schon vor dir gesichtet. Das Fahren strengt an, weil ich jedes Mal entscheiden muss: Ist das ein Stein oder wackelt er mit dem Schwanz."
Beide müssen lachen.

Die Husky-Farm

Wie üblich werden Besucher mit lautem Gebell angekündigt. Torben, der Sohn des Hauses, ist wie immer bei den Hunden. Urte winkt aus dem Hühnergehege.
Nach einer herzlichen Begrüßung geht jeder seinen Aufgaben nach bis zum „Fika" (Kaffee). Jana begrüßt erst einmal die Hunde, indem sie an den Zwingern entlanggeht. Die meisten Hunde kommen bellend ans Gitter und holen sich Streicheleinheiten ab. Danach widmet sie sich der Waschmaschine.
Beim Kaffeeklatsch verkündet Urte: „Ihr von der Insel Rügen liebt doch das Wasser. Ich habe einen Ausflug für uns alle organisiert."
„Das macht neugierig. Was hast du vor?" Die Sommergäste sind für neue Abenteuer bereit.
„Ihr kennt doch sicher das Seemannslied. Eine Seefahrt, die ist lustig, eine Seefahrt, die ist schön."

„Ja, das stimmen wir immer an, wenn es wieder einmal auf Kreuzfahrt geht."

„Kreuzen werden wir auch auf einem See, aber mit einem Floß."

„Oh, wie schön. Da erfüllt ihr uns einen lang ersehnten Traum."

Eine Floßfahrt

Am nächsten Morgen brechen alle vier auf. Der Weg zum See führt durch einen Wald. Je dichter sie ans Wasser kommen, umso mehr klingt jeder Schritt wie Schmatzen. Wenn der Schuh das Moos niederdrückt und das Wasser an der Seite hervorquillt, entsteht dieses Geräusch. Während die Urlauber auf den Weg achten, zieht Sven sein Paddelboot aus Hartschale durch den Wald hinter sich her. Jana kann nicht widerstehen und macht ein Foto. So etwas sieht man nicht alle Tage.

Am Ziel angekommen sehen sie das Floß mit einer kleinen Hütte darauf. Sören, ein großer, drahtiger Mann mittleren Alters, empfängt alle freundlich. Er wirft den Außenborder an und legt ab. Um einer Schieflage entgegenzuwirken, müssen der mitfahrende Urlauber und Urte sich auf einer Seite platzieren und Jana bleibt bei dem Steuermann stehen. Sie erfährt von ihm, dass er bereits als junger Mann aus Deutschland ausgewandert ist. Er lebt von und mit der Natur durch Fischen, Kräutersammeln und Gemüseanbau. Außerdem fertigt er Messer an und verkauft seine Produkte. Unterdessen versucht Sven aus seinem Paddelboot heraus vergeblich, einen Fisch zu angeln. Es hilft auch kein Zuruf „Petri heil!".

Die Floßfahrt ist ein besonderes Erlebnis – bis auf einen kleinen Makel. Es gibt keine Leiter ins Wasser, wo Jana doch so gerne badet. Nach der Tour gesellen sich alle um das offene Feuer und es gibt aus einem großen Kessel mit schwedischem Allerlei eine schmackhafte Stärkung.

Sommergäste kommen und gehen.

Beerensammler-Zeit

Im August/ September ist Beerensammler-Zeit. In den Wäldern trifft man ausländische Helfer mit Eimern und speziellen Handschaufeln, um Heidelbeeren von den Sträuchern zu streifen. Dagegen werden Moltebeeren mit der Hand gepflückt. Die Größe ist zu vergleichen mit Walderdbeeren, während die äußere Struktur eher nach Himbeeren oder Brombeeren aussieht. Vor Jahren kamen die Pflücker aus Polen und mittlerweile sind Thailänder anzutreffen. Man hat von ihnen noch nichts Schlechtes gehört. Wenn sie an der Straße stehen, winken sie den Vorbeifahrenden freundlich zu. Es gibt Aufkaufstellen für die Beeren. Moltebeeren werden als das Gold von Lappland bezeichnet und werden gut bezahlt.
An den Sammelstellen soll es Unterkünfte geben. Es wird gemunkelt, dass diese menschenunwürdig sein sollen, und deshalb übernachten manche Pflücker im Wald.

Urte ist mit einigen Hunden im Wald unterwegs. Aus den Moltebeeren kocht sie immer Marmelade. Der Geschmack ist zwar etwas herb, aber die Früchte sollen sehr gesund sein. Was in Deutschland der Sanddorn (Zitrone des Nordens) verkörpert, ist in Skandinavien die Moltebeere.

„Aua!" – Plötzlich schmerzt das Handgelenk, nachdem sie einen großen Hund zur Seite geschoben hat, der sie beim Pflücken gestört hat. Sie dreht es – „Geht noch, nichts zu spüren.", und sie sammelt weiter.

Von der Tour zurück stellt sie ihren vollen Eimer auf den Küchentisch und eilt zum Bad. Beim WC-Gang: Hose runter-lassen, „Knacks", Hand gebrochen.

In der Gegend sind Ärzte um diese Jahreszeit rar. Im Winter sieht das anders aus: Wenn die Autotester da sind, bringen sie ihr eigenes medizinisches Personal mit. Irgendwie muss sie mit dem Auto nach Arjeplog kommen. Sohn Torben, 17 Jahre alt und führerscheinlos, bedient die Gangschaltung, während Urte mit der linken Hand lenkt.

Am Ziel angekommen ist keiner mehr zum Röntgen da. Das bedeutet noch einmal 86 Kilometer weiterfahren. In Arvidsjaur wird geröntgt und gegipst. Urte erhält einen Krankenschein für sechs Wochen und den Hinweis: „Eine Kontrolle ist nicht nötig. Schneide dir den Gips nach den sechs Wochen selbst auf."

Nach dieser Zeit kann sie das Handgelenk noch nicht belasten. Also erfolgt eine weitere Krankschreibung für vier Wochen. Von einer Physiotherapiebehandlung oder gar einer Reha ist keine Rede.

Zu der Zeit ist Urte noch im Altenheim zur Aushilfe tätig.

„Meine ‚lieben Alten' werden mich vermissen", grübelt sie aus ihrem Sessel heraus. Das Stillsitzen fällt ihr schwer.

Besucher kommen und gehen. Die Ferienhütten sind gut ausgelastet. Aber es gibt auch diese Laufkundschaft.

Einmal kommen zwei Radfahrer vorbei. Im Gespräch stellt sich heraus, dass sie glauben, auf der Farm Kaffee trinken zu können. Es sind Urlauber, die in Slagnäs auf dem Campingplatz Station gemacht haben. Letztendlich kommt es doch zum Fika, was normalerweise nicht angeboten wird. Die Besucher kommen Tage später mit ihrem Jeep mit Wohnanhänger mit Berliner Kennzeichen noch einmal vorbei und buchen einige Tage für die Winterzeit.

Gefahr in Verzug

Ein Auto kommt auf die Husky-Farm gefahren. Da keiner aussteigt, geht Urte hin und erkundigt sich nach dem Begehr.

Die Männer fragen nach „Laika". Ihr fällt ein, dass der erste Weltraumhund so hieß. Also Russen! Mit fester Stimme sagt sie: „So einen Hund gibt es hier nicht. Was wollt ihr?"

Während der eine nach Fotos fragt, will der andere Mann ins Haus gehen. Mit einem lauten „Njet! Stopp!", versucht Urte ihn abzuwehren.

Die Haushunde „Motte" und „Krümmel" spielen verrückt. Sie gehen auf die Hinterpfoten und bellen kräftig. Es sind Pyrenäenberghunde, deren Größe beeindruckend ist. Ihr dickes weißes Fell lässt sie noch gewaltiger wirken. Als dann noch Urtes Urlauber, groß und kräftig, aus der Ferienhütte tritt und einen Schritt auf die Männer zugeht mit der Bemerkung „Probleme?", steigen diese ins Auto und brausen davon. Urte fällt ein

Stein vom Herzen. Sie bedankt sich bei dem Helfer und berichtet ihm, dass in Arjeplog Hunde verschwunden sein sollen. Ob das Hundefänger waren?

Abends berichtet sie ihrem Ehemann von der Begegnung. Sie beschließen die Eisenschranke vor dem Zugangsweg zu verschließen. Zuvor war sie immer offen, da jeder Besucher willkommen war. Dazu wird noch eine Wildkamera angebracht.

Am nächsten Morgen können sie auf den Bildern erkennen, dass Leute sich an der Schranke zu schaffen gemacht haben. Das Eindringen hat nicht geklappt.

Stattdessen haben sie beim Nachbarn, der nicht vor Ort war, die Scheune ausgeräumt.

Die Inselschafe

‚Die Inselschafe' halten sich den ganzen Sommer über in Skandinavien auf, immer nach dem Motto „Allemansrätten – Jedermanns-Recht: Nicht stören - nichts zerstören."
Das Mitsommerfest haben sie schon an mehreren Orten in Schweden mitgefeiert. Aber immer wieder kehren sie zum Wohnmobilstellplatz in Sjötorp am Götakanal zurück. Es bereitet ihnen Vergnügen, beim Schmücken der Feststange zuzuschauen. Wenn dann Jung und Alt unter anderem nach dem `Sma grodorna' – dem ‚Froschlied' tanzen, sieht man bei allen ein Lächeln. Für und mit den Kindern wird viel unternommen wie Eierlauf, Sackhüpfen und mehr. Das erinnert an die eigene Kindheit.
Auf der Rückfahrt nach Deutschland kehren die ‚Inselschafe' noch einmal bei der Husky-Farm ein. Beim Fika, zwischen zwei Erdbeerkuchen-Happen, möchte Jana wissen: „Was mich schon

lange interessiert: Warum sind hier die Briefkästen so tief und viele nebeneinander angebracht?"
Urte lacht: „Es sind Sammelstationen. Die Häuser in Lappland liegen mitunter weit voneinander entfernt, und im Winter, bei hohem Schnee, sind sie schwer zu erreichen. Der Postbote kommt mit dem PKW. Das Lenkrad befindet sich auf der rechten Seite. So braucht er nicht auszusteigen. Er bestückt die Kästen vom Autofenster aus. Sagt einmal, habt ihr noch Lust auf einen Ausflug?"
„Ja, immer. Wir freuen uns, wenn wir etwas Neues, Interessantes kennenlernen dürfen. Wohin soll es denn gehen?"
„Nicht gehen, fahren, aber ich verrate es euch erst, wenn wir da sind. So viel kann ich schon einmal verraten: Es geht hoch her." Dirk schaut sie neugierig an und steht auf. „Na denn man tau."
Während der Fahrt geht die Unterhaltung weiter.
„Jana, ich weiß ja, dass ihr die Weite, die Seen, die Natur an Skandinavien liebt, aber habt ihr

einmal etwas Spezielles erlebt?", möchte die Gastgeberin wissen.

„Das kann man wohl sagen. Am Polarkreis in Jokkmokk parkte ein Auto mit dem Nummernschild ‚Kaffe' ohne Nummern.

Aber ich konnte es kaum glauben, als ich an der Reklametafel meinen grünen Muff hängen sah, den ich in Deutschland auf meiner Insel genäht hatte und der auf dem Weihnachtsmarkt dort verkauft worden war. Ich habe im Muff meine Visitenkarte hinterlassen und hoffe insgeheim, dass das Kind seinen Muff wiederbekommt und sich seine Eltern vielleicht mal bei mir melden."

„Das ist ja eigenartig. Man sagt zwar, dass man sich immer zweimal im Leben trifft, aber gilt das auch für Sachen?" Alle sehen sich fragend an und zucken mit den Schultern.

„Wart ihr schon im Älgenshus in Bjorholm, von dem ich euch erzählt habe?", fragt der Fahrer.

Dirk fängt sofort an zu schwärmen:

„Elche zum Anfassen. Das waren gewaltige Tiere, handzahm. Wir haben uns noch einen Film dazu angesehen und die abgeworfenen Geweihe bestaunt."

Aus Jana sprudelt es nur so heraus: „Am lustigsten fand ich es, im Sommer Weihnachtslieder zu hören. Im 'Santa-Dorf' in Rovaniemi, am Polarkreis in Finnland, habe ich im Juli meine Weihnachtskarten geschrieben. Es gibt zwei Briefkästen: einen für die normale Post und einen für die Weihnachtskarten, die dann auch erst im Dezember ankommen. Die Straßen dahin gleichen einer Berg- und Talfahrt. Dann haben wir uns bis zu den Lofoten in Norwegen vorgewagt. Da oben lag noch Schnee. Eine wunderschöne, bizarre Landschaft.

In Schweden auf dem Weg zu euch haben wir ein Reklameschild für eine Seilbahn ‚Linbana' von Mensträsk nach Örträsk gesehen. Damit zu fahren werden wir uns für nächstes Jahr vornehmen."

„Ja, das wird euch gefallen. Die Seilbahn wurde einmal für den Erzabbau genutzt. Circa 13 Kilometer sind für den Tourismus hergerichtet wor-

den. Man schwebt über Wald und Tier", schwärmen die schwedischen Freunde.

Mittlerweile sind sie an einem steil ansteigenden Berg angekommen. Jana schaut ängstlich: „Da willst du doch nicht etwa hoch, über die Baumgrenze?"

Sven beugt sich nach vorn und dreht die Hände am Lenkrad, als wenn er wie beim Motorrad Handgas geben will: „Komm, mein Guter, du schaffst das!" Wie Zuspruch klopft er dabei aufs Lenkrad und grinst. Der Pritschenwagen gehorcht und zieht an. Jana ist froh, als sie oben auf dem Berg aussteigen darf. Sie haben einen fantastischen Rundblick bis in weite Ferne.

„Wo sind wir hier?", möchte sie wissen.

Urte gibt Auskunft: „Das hier ist der Berg ‚Galtis' mit einer Höhe von 800 m, er liegt ungefähr zwölf Kilometer von Arjeplog entfernt. Das ist ein sehr beliebtes Skigebiet in Schwedisch Lappland. Siehst du da unten die Hotelanlage? Da kehrt auch deutsche Prominenz ein wie Boris B.."

„Apropos Quartier: Wir hatten ja auch eine Ferienwohnung zur Vermietung", erzählt Jana. „Darüber könnte man ein Buch schreiben. Es gab zwar viele nette Gäste, die jedes Jahr wiederkamen und zu Stammgästen oder sogar zu Freunden wurden. Allerdings gab es bei der Laufkundschaft unschöne Erlebnisse. Ein Vater mit einer kleinen Tochter hat es geschafft, ein Stuhlbein abzubrechen. Wie sie das vollbracht haben, frage ich mich heute noch. Und zwei Jugendliche haben die Badezimmertür aus den Angeln gerissen, weil einer ins Bad rein wollte und der andere nicht raus. Habt ihr auch solche Erfahrungen gemacht?", will Jana wissen.

„Nein, nicht ganz so drastisch. Viele Gäste buchen auch gleich wieder fürs nächste Jahr", berichtet Urte.

„Na, denen geht es wie uns. Du bist eben eine liebenswerte Person und da kommt man gerne wieder."

Urte lacht verlegen. „Lass gut sein, sonst bekomme ich noch rote Ohren. Mir ist einmal etwas

Lustiges passiert, als ich morgens zum Hühnerstall gegangen bin, um nach Eiern zu sehen. Da habe ich von Weitem zu dem Federvieh gerufen: ‚Morgen, Mädels!' Aus der Ferienhütte kam die Antwort: ‚Guten Morgen, Urte!' Darüber lachen wir immer, wenn die Gäste wieder da sind. Aber es waren auch welche bei uns, die sich beschwert haben, dass nachts die Hunde gebellt haben."
„Das gibts doch gar nicht. Ich fahre doch nicht auf eine Husky-Farm, wenn ich absolute Ruhe will. Das ist ja wie in Österreich, wo man sich über das Kuhglockengebimmel beschwert hat. Ich hätte bei denen ja in deren letzter Nacht die Hunde zum Wolfsgeheul animiert", antwortet Jana lachend.
„Nee, um aber auf die Vermietung zurückzukommen: Bei uns gab es keine größeren Zerstörungen. Nur ein Toaster hat Beine bekommen und war mit den Urlaubern abgereist, wohin auch immer."
Auf dem Berg weht eine frische Brise, sodass die Gruppe nicht allzu lange verweilt. Auf dem

Rückweg zur Husky-Farm wird an einem See ein Zwischenstopp eingelegt. Während Urte und Sven übermütig wie Kinder schaukeln und lachen, schwimmt Jana ein Weilchen im kalten See.

Nachdem auf der Straße noch paar Rentiere überholt wurden, verabredet man sich für den Abend in der Grillhütte.

Der Genuss von kalt geräuchertem Lachs rundet den erlebnisreichen Tag ab. Feuchtfröhlich klingt der Urlaub am Feuer aus. Natürlich mit dem Versprechen auf ein Wiedersehen im nächsten Jahr.

Schwedisch Lappland -
Land der acht Jahreszeiten

Winter; Spätwinter; Frühling; Frühsommer; Sommer; Spätsommer; Herbst; Frühwinter

Im Spätsommer sind die letzten Urlauber abgereist. Die Huskys werden unruhig. Sie merken, dass die Zeit des Laufens näher rückt. Bis zum ersten Schnee werden die Hunde zum Training vor das Quad gespannt.

Die jüngeren Hunde erhalten eine Ausbildung, an verschiedenen Positionen an der Zentralleine eines Schlittens zu laufen. So ein Gespann kann durchaus aus zwölf Hunden bestehen. Wenn es dann ausreichend geschneit hat, fährt Sven mit dem Skooter und einer Schneewalze hinten dran los, um die Strecke aufzumachen.

Da es in Schweden durchaus Minus 30 Grad Celsius werden können, ist es üblich, über zugefrorene Seen zu fahren. Diesmal fährt er sich auf der Rückschleife zum Ufer in Schnee und Matsch fest. Aber wenn Sven losfährt, hat er immer ein Seil und eine Schaufel im Gepäck. Der Skooter wird mit dem Seil an einem Baum festgebunden.

Nach einem Fußmarsch zur Farm bittet Sven seinen Nachbarn um Hilfe mit dessen Skooter. Doch die Bemühungen, den angebundenen herauszuziehen, sind vergebens. Sie überlegen, wer helfen könnte. Ein Bekannter von der Forstverwaltung wird angerufen. Der Einsatz einer Kurbel sieht vielversprechend aus, bis das Stahlseil zerspringt. Auf Bitte rückt der Chef des Forstmanns mit schwerer Technik an. Gut, dass das Fahrzeug angebunden war. Es schaut nur noch der Lenker heraus. Die Bergung des Schneemobils gelingt mit drei Männern. Bei der Rettung wird alles am Ufer platt gewalzt, was später noch als Spur genutzt wird.

Urte war ja schon immer dagegen, dass der Trail über den See verlaufen sollte, aber bis Männer hören …

Sven will mit dem geborgten Schneemobil die Spur für die Schlitten zu Ende walzen, kommt aber nicht weit. Keilriemen gerissen! Vom Schwiegersohn will er den Skooter borgen. Das Mobil springt erst gar nicht an. Was ist nur los?
Das ist aber erst der Anfang der Katastrophe.
Sie hören sich im Bekanntenkreis um nach einem gebrauchten Modell. Ja, es gibt eins und es besteht den Sichttest. Sven meint: „Ein älteres Fahrzeug hat weniger Elektronik, aber dann kann ja auch nicht so viel kaputt gehen."
Mit dem neuen Alten fährt er zum See und will den Keilriemen-losen abschleppen. Er kommt bis zur Straße, dann gibt der Neuerworbene auch seinen Geist auf. Nun stehen am See zwei kaputte Skooter!
Sven bleibt nur der Anruf nach Hause übrig. Bei Urte sitzen schon die Hüttengäste, die sich auf eine Hundeschlittenfahrt freuen. Nun das?!
Mit Auto und Hänger eilt sie zu Hilfe. Beide defekte Fahrzeuge werden in Avidsjaur in einer beheizten Garage abgestellt.

Ein neuer Skooter muss her! Die Technik bleibt Sven überlassen. Er sucht ein Fahrzeug aus. Urte fährt nicht gerne mit dem Schneemobil. Sie liebt ihre Hunde.

Nach der Probefahrt kommt Sven zu Fuß zum Geschäft zurück. Auch dieses Modell hat seinen Geist aufgegeben. Es wird ihnen angeboten, nach einer Stunde in die Werkstatt zu kommen. Dann sei alles behoben.

„Nein, danke! Einen kaputten haben wir selbst."

Im zweiten Geschäft werden sie fündig. Das gleiche Modell, und sogar kostengünstiger. Und, und … Sven kommt von der Probefahrt mit dem Fahrzeug heil zurück. Gekauft!

Der Skooter fährt und fährt – er ist Jahre später immer noch einsatzfähig.

Warum lebt ihr hier?

„Warum lebt ihr hier?" Das werden die Auswanderer oft gefragt.
„Jede Jahreszeit hat etwas Besonderes, aber die Lieblingsjahreszeit von uns und unseren Huskys sind die Wintermonate. Wie verzaubert steht man auf dem Hundeschlitten und fährt in die märchenhafte, friedliche Natur. Frische, klare Luft schlägt einem entgegen und erst dieses magische Licht … Und genau deshalb leben wir hier."

Hundeschlittentouren

Bevor die Hunde den Gästen anvertraut werden, erfolgt durch Urte eine ausführliche Einweisung zu Tier und Handhabung des Schlittens.

Unter den Besuchern gibt es ganz unterschiedliche Charaktere. Kinder hören aufmerksam zu und sie meistern ihre Aufgabe. Dagegen vertritt manch ein Erwachsener die Meinung: „Das ist ja kinderleicht!", und unterhält sich lieber. Diese bekommen manchmal die Kurve nicht.

Zu ihren treuen Kunden gehören die Autotester. Wenn die ihre Tour beendet haben, gibt es so manchen Hüttenzauber in gemütlicher Runde im Feuerschein. Manchen ist das noch nicht genug Hitze und sie machen noch einen Abstecher in die Sauna.

Einmal kommen um die zwanzig Flieger vom Bund zum Hundeschlittenfahren. Da herrscht eine Disziplin! Die jungen Männer stehen stramm bei der Einweisung. Alles wird genaustens befolgt. Urte fühlt sich wie ein kleiner General.

Jeder bekommt seinen eigenen Schlitten mit vier oder sechs Huskys davor. Ab geht die Fahrt vom Hof durch das Tor. Das freudige Gebell der Hunde hallt durch den Wald. Plötzlich und unerwartet steht hinter der Kurve ein Elch auf der Spur. Urte zuckt kurz zusammen, aber fängt sofort lautstark an zu singen. Der Elch ist so perplex, dass die ersten Gespanne unbeschadet vorbeifahren können. Aber Torben, der Sohn des Hauses, der die Nachhut bildet, kippt mit dem Schlitten um, als sich der Elch vor den Hunden aufbäumt.

Am Abend nach der Tour kommt auch der Junior auf dem Schlitten stehend auf den Hof der Husky-Farm gefahren. Alle atmeten erleichtert auf.

Unter den Soldaten befinden sich zwei Hobbyfotografen, die ihr Können unter Beweis stellen. Andere sind nach der Tour noch wissbegierig: „Wie viele Jahre ist so ein Schlittenhund aktiv? Was passiert mit ihm danach? Fahrt ihr auch Rennen?"

Urte gibt bereitwillig Auskunft: „So ein Schlittenhund läuft gerne bis zu zehn Jahre. Er entscheidet selbst, wann er in den Ruhestand geht. Man merkt es daran, dass bei der Tour die Leine durchhängt. Er bekommt dann eine andere Aufgabe. Mit so einem Hund kann der Mensch wandern gehen. Der Zweibeiner bekommt eine Leine mit Bauchgurt und sie können zum Beispiel bis zum See spazieren gehen. Mit den Rentner-Hunden fahre ich nur ab und zu, aber gemütlich. Sie wollen schon noch etwas tun. Es geht den Tieren wie den Menschen.

Nun zu deiner Frage, was Rennen betrifft: Ja, ich fahre die Sprintrennen. Das ist eine Mitteldistanz von 50 Kilometern. Mein Mann nimmt an Langdistanzrennen von 300, 500 oder 1000 Kilometern teil.

Wir haben mit unseren Hunden so einige Pokale erkämpft."

Das große Rennen

„Das finde ich interessant. Kannst du noch mehr erzählen?"
Urte ist in ihrem Element:
„In Deutschland sind wir überwiegend Wagenrennen gefahren, aber hier können wir unserem Hobby frönen. Dieses Knirschen der Schlittenkufen im Schnee klingt für mich wie Musik."
„Und man kann damit noch Geld verdienen?!"
Der Uniformierte zwinkert ihr zu.
„Denkste! Die Startgebühren sind sehr hoch. Es ist ein teures Hobby. Die ersten Plätze erhalten einen Pokal oder manchmal auch einen Sachpreis wie Hundefutter."
Er schaut sie ungläubig an: „Ihr fahrt nur so, aus Spaß an der Freude?"
Urte lacht: „Nicht nur. Das steigert den Bekanntheitsgrad der eigenen Farm. Wir haben Alaskan-Huskys. Es geht um die Zucht, den Welpenverkauf.

Also, zuerst muss man sich im Internet zum Rennen anmelden. Jeder Musher (Schlittenhundeführer) braucht einen Doghandler (Helfer für Versorgung), der als Erster am Depot sein muss. Bei unseren ersten Rennen sind wir noch ohne Navi gefahren. Es galt, mit Kompass und Karte den Weg zum Ziel zu finden. Ich als Helfer musste vor meinem Mann am Depot sein. Den Ort hatte ich ja gefunden, aber irgendwie hatte ich mich verfranzt. Am Ortsausgang betrat ich ein Haus, um nach dem Weg zu fragen. Auf mein ‚Hallo' von der Haustür aus hörte ich eine Antwort von weit hinten. Ich musste durch einen engen, langen und spärlich beleuchteten Korridor an Regalen mit Einweckgläsern mit undefinierbarem Inhalt vorbei. Mein Herz klopfte bis zum Hals. In der Stube angekommen, stockte mir der Atem – auf dem Sofa lag ein sehr beleibter Mann mit freiem Oberkörper.

Auf meine Frage antwortete er:

‚„Du hättest an der Kreuzung rechts abbiegen müssen.'

Mehr wollte ich ja nicht hören und verließ fluchtartig die Behausung.

„Das klingt ja wie aus einem Horrorfilm", unterbricht der Zuhörer Urte. „Aber wie sieht so ein Depot aus? Ist das wie ein Boxenstopp bei der Formel 1?"

„Nicht ganz. Das ist unter freiem Himmel ein mit Flatterband abgeteilter Platz, wo jeder Doghandler die benötigten Sachen für Mensch und Tier abstellt. Ich befestige immer eine Markierung daran, damit Sven die Sachen gleich findet. Ich darf nicht zu den Hunden.

Am Point ist auch ein Tierarzt vor Ort. Er kontrolliert alle Hunde auf Unversehrtheit. Bei einer Langdistanzstrecke sind pro Schlitten 12 oder 14 Hunde im Einsatz. Im Ziel muss der Teilnehmer mit mindestens fünf Hunden ankommen, sonst wird er disqualifiziert.

Die verletzten Hunde nimmt der Doghandler mit in die Boxen zum Auto. Bei solchen Rennen ist aber nicht nur eitel Sonnenschein. Sven hat schon einmal erlebt, dass so ein Schneetreiben war, dass auf einem Berg ‚Stopp' angeordnet wurde. Jeder Musher muss eine Notausrüstung für die Tiere und sich dabeihaben. Der Mensch übernachtet in einem Biwak. Das ist ein Zwischending zwischen einem sehr warmen Schlafsack und einem Notzelt.

Aber auch außerhalb des Rennens kann einiges im Argen liegen. Vom Eishotel in Kiruna fuhren zwei Skooter mit Anhängern Touristen über den See. Meine beiden großen weißen Hunde „Krümmel" und „Motte" sowie die Haushündin „Karla" lieben diesen Sound. Sie sind ausgebüchst. Die Asiaten vom Eishotel zückten ihre Kameras. Sie hielten das für eine Showeinlage. Ich rief immer lauter. „Karla" erhörte mich und brachte die beiden großen mit zurück. Aber das war noch nicht alles. Die Heizung fiel aus - und das bei Minus 40 Grad Ich zog mir alles an, was ich dabeihatte. Der Kocher diente als Heizung. Ich glaubte, mir würde das Hirn einfrieren. Die Haushunde lagen um mich herum im Bett. Das Wasser war ebenfalls eingefroren. Letztendlich

löste der Glühwein alle Verspannungen. Ich sollte zum Endpunkt kommen, um einen hinkenden Hund in Empfang zu nehmen. Ich weigerte mich, was sonst nicht meine Art ist. Zuerst musste ich an eine Strombox, die manchmal in Orten

vor Hotels oder Ämtern zu finden sind. (Vorne an den schwedischen Autos befindet sich eine Steckdose.)
Bei solchen Veranstaltungen herrscht Hilfsbereitschaft. Ein ebenfalls deutscher Doghandler hatte noch Boxen frei und brachte mir unseren verletzten Hund." Urte atmet erst einmal durch.
„Na, da ist ja mehr Trubel, als ich gedacht habe. Im Fernsehen sieht das alles so schön aus."
Zu den beiden gesellten sich weitere Zuhörer.
„Urte, bist du auch Rennen gefahren", möchte einer wissen.
„Ja, ich habe auch an Rennen teilgenommen, aber an denen über 50 Kilometer mit sechs Hunden. Vorm Start wurden die Teilnehmer gefragt, wie die Hunde heißen und was sich der einzelne Teilnehmer vorgenommen hat. Meine Antwort lautete: ‚Nicht verfahren!'"
Alle ringsherum lachen. Urte erzählt weiter: „Zwischen Mensch und Tier besteht ein Vertrauensverhältnis. Wenn für die Hunde ein Weg besser aussieht, biegen sie ab, auch ohne Kom-

mando. Plötzlich überquerten wir eine Hauptstraße. Der LKW-Fahrer und ich wechselten für eine Sekunde einen erschrockenen Blick. Es war nichts passiert, außer dass mein Traum vom ersten Platz dahinschmolz. Ich rief meinen Mann an, der mir einen Helfer auf einem Schneemobil zu Hilfe schickte, der mich wieder in die richtige Spur brachte. Der falsche Weg wurde mit Zweigen versperrt. Ich kam zwar unbeschadet, aber als Letzte im Ziel an. Da aber die Gesamtzeiten von Samstag und Sonntag zusammengefasst wurden, hat es doch noch für den dritten Platz gereicht." Die Flieger klatschen in die Hände.
„Super. Wann bekommt man schon einen Blick hinter die Kulissen. Danke. Es hat uns viel Spaß bereitet, dir zuzuhören.
Hej då. – Auf Wiedersehen!"
Zum Abschied animieren Urte und Sven die Hunde zu einem „Wolfsgeheul", indem sie anstimmen und alle Hunde heulen mit.

Der wilde, wilde Westen

Der wilde, wilde Westen ... fängt gleich in Lappland an. Könnte man glauben, als zur Weihnachtszeit Udo vor der Tür stand und sich die Jacke runter-riss mit den Worten: „Jetzt habe ich aber die Schnauze voll! Jochen hat auf mich geschossen!"
Urte sprang gleich helfend dazu und bugsierte ihn auf einen Stuhl. Alle waren aufgeregt.
„Nun berichte erst einmal, was passiert ist."
Das Blut lief den Arm herunter und die Wut wurde herausgelassen. Beim Berichten breitete sich eine Schnapswolke aus. Er und sein Hofmitbesitzer hatten „geschnapsdrosselt". Zwei Männer, zwei Meinungen, zwei Sturköpfe gerieten so in Rage, dass die Pistole die Antwort erteilte.
Die Polizei kam an diesem Abend, wie so oft, nicht mehr vor Ort. Der Angeschossene wurde ins Auto verfrachtet und nach Avidsjaur zum Arzt gefahren. Aber in dieser Art von Poliklinik

war wegen des Feiertags kein Weißkittel mehr anzutreffen. Also ging der private „Krankentransport" noch weiter.

Udo hatte noch Glück im Unglück. Es war „nur" ein Streifschuss. Trotzdem musste er noch in der Klinik bleiben.

„Urte, zu dir habe ich Vertrauen. Fütterst du bitte meine Hunde?"

Somit hatte sie seine Hunde auch noch zu versorgen. Udo war damals zur Stelle, als sie unter dem Quad eingeklemmt war. Wie könnte sie da ihre Hilfe verweigern? Welch ein Weihnachtsfest! Tolle Überraschung – doppelte Arbeit.

Am nächsten Tag kam die Polizei auf die Husky-Farm gefahren und erfragte alles ganz genau. Der Schütze kam in Untersuchungshaft.

Jeder Winter hat etwas Spezielles.

Im Winter 2020/2021 kamen corona-bedingt nur wenige Gäste auf die Husky-Farm. Was sonst an zwei Sonntagen an Hundeschlittenfahrten gebucht wurde, war in diesem Winter der Verdienst für die ganze Saison.

Lappland ist unter den Samen aufgeteilt. Im April holen sie ihre Rentiere mit Lkws von der Küste in die Wälder zurück auf Flächen, wo Wald gerodet wurde. Dort finden sie noch Flechten. In der ersten Zeit wird zugefüttert, aber irgendwann teilen sich die Tiere in kleine Gruppen auf und durchstreifen die Wälder. Um die Husky-Farm erfolgte viel Kahlschlag. Das hatte zur Folge, dass die angelegten Hundeschlittenspuren durch die Rentiere zertrampelt wurden. Das war´s für diesen Winter.

Da es nicht so kalt war, dauerte es länger, bis die Seen zufroren. Dadurch sind viele Elche auf ihrer Wanderung eingebrochen und ertrunken. Es wurden zuerst durch einen Privatmann Radios am Ufer aufgestellt, um die Tiere fernzuhalten. Nach einem Aufruf fanden sich viele Helfer, darunter auch viele Jäger. Mit den Scootern wurden Tröge mit Heu und Äpfeln herangefahren und weitere Radios aufgestellt. Disco für die Elche! Obwohl die Elchjagd das Ereignis des Jahres ist, so wird sich doch um die Tiere gesorgt.

Nachwuchs

Trotz der miesen Saison war die Husky-Farm in freudiger Erwartung. Zu Ostern sollten die Jungen kommen. Als Rüde war der junge Ingo auserkoren worden, der ein dichtes Fell wie ein Wolf hat. Die Hündin Kaja mit ihrem angenehmen Wesen sollte zum ersten Mal Junge bekommen. Urte hatte der Hündin ins Ohr geflüstert: „Vier Rüden und eine Hündin brauchen wir. Alles andere wird zurückgeschoben."
Vor fünf Jahren hatten sie das letzte Mal eigene Aufzucht betrieben. Urte kann sich immer nur schweren Herzens von den Kleinen trennen, wenn es um den Verkauf geht. Somit hatten sie jedes Jahr zwei Welpen dazu gekauft. Dieser Wurf sollte ihre letzte Aufzucht werden und es sollten alle auf dem Hof bleiben.
Zwei Wochen vor der Geburt wird die Hündin bereits ins Haus geführt, damit sie sich mit der Wurfkiste vertraut macht, die in einer ruhigen

Ecke platziert ist. Manche Hunde mögen nicht im Haus werfen, aber die meisten wollen doch, dass man ihnen „die Pfote hält", sie umsorgt. Neben der Kiste liegt eine Matratze für den Menschen. So eine Geburt kann dauern. Dreiundsechzig Tage beträgt die Tragezeit.

Zu Ostern wurde der Wurf erwartet. Anderthalb Tage zu früh, um 21.30 Uhr, begann die Geburt, die bis zum nächsten Morgen um 8.25 Uhr dauerte. Der erste war eine Steißlage. Sven musste tatkräftig unterstützen. Er wollte noch den Welpen saubermachen, was der Hündin gar nicht gefiel. Knurrend und zuschnappend bestand sie auf Herausgabe. Sie schnappt sich den Jungen und fledderte ihn in die Ecke der Wurfkiste. Urte befürchtete schon das Schlimmste. Der zweite brauchte auch menschliche Hilfe, aber nicht ganz so drastisch wie der erste. Der dritte Junge wollte mit den Beinen zuerst aussteigen. Zur gleichen Zeit würden auch noch Küken erwartet, die aus dem Brutkasten mussten. Es war ein Wettlauf mit der Zeit zwischen Haus und Hühnerstall. Nach den drei Rüden kam eine kleine Hündin ganz unkompliziert auf die Welt.

„So Kaja, einen Jungen noch, dann ist die Bestellung fertig", redet Urte beruhigend auf die Hündin ein. Nein, 1.49 Uhr kam noch ein Mädchen und erst 5.10 Uhr der ersehnte vierte Junge.

Urte glaubte: Feierabend! Denkste. Es folgten noch zwei Mädchen. Welch eine Nacht: Vier Jungen und vier Mädchen. Zum Glück wurde kein Tierarzt benötigt. Das wäre zu Ostern ein echtes Problem gewesen.

Die Lütten wiegen bei der Geburt 500g. Sie werden jeden Tag gewogen. Welch ein Gewusel und Gequietsche in der Wurfkiste, aber auch ein Zeitfresser. Sie sind ja auch so niedlich ...

Das nächste Highlight ist, wenn sie nach zehn Tagen die Augen öffnen. Das Training beginnt mit drei Monaten mit Spaziergängen im Wald ohne Leine. Sie lernen, sich sicher über Wurzeln und Ästen zu bewegen und auf ihren Namen zu hören. Mit acht bis neun Monaten werden die Junghunde mit älteren, erfahrenen zusammen angespannt und ziehen das Gefährt einige hundert Meter, unterbrochen von kurzen Pausen für Lob und Leckerchen (Pansen, Lachs, Leber). Beim nächsten Mal, zwei, drei Tage später, etwas länger – und so geht es weiter. Im Alter von ungefähr einem Jahr laufen sie schon 20 - 30 Kilometer am Schlitten, aber erst einmal müssen sie wachsen und gedeihen. Urte fotografiert den Wurf und nimmt Videos auf, um sie an Jana und weitere Stammgäste zu verschicken. Vielleicht möchte jemand eine Patenschaft für einen der Hunde übernehmen.

Vor fünf Jahren waren die „Inselschafe" Jana und Dirk gerade auf der Farm, als die Jungen acht Wochen alt waren. Jana gefiel gleich der pummelige Viktor und sie hat die Patenschaft für ihn übernommen. Ein schwarzer Rüde mit weißen Flecken. Ein Jahr später war er mächtig gewachsen und kaum noch zu erkennen. Die weißen Flecken waren verblasst und ins Grau mit dunklen Punkten übergegangen.

Aus dem kleinen Wollknäuel war ein stattlicher, kräftiger Schlittenhund namens Viktor herangewachsen.

Hej då Sverige

Ein weiteres Werk von JuScha erschienen im Verlag-Kern:

Windgeflüster

Begegnungen und Beobachtungen, Zwischenfälle und Lebenserfahrungen, in denen Meer und Strand eine Rolle spielen. Die Inspiration für ihre Kurzgeschichten nimmt JuScha vom Leben an der Küste. Eine stimmungsvolle und spannende Lektüre für Urlaub und für Liebhaber des Meeres.

ISBN: 978-3-95716-2687 € 10.90

Unser gesamtes Programm finden Sie unter: www.verlag-kern.de